Lass uns zu den Menschen gehen

SIEGFRIED GRILLMEYER

geb. 1969 in Pechbrunn (Oberpfalz), Dr. phil., Studium der Fächer Deutsch, Geschichte, Sozialkunde und Religion für das Lehramt an Gymnasien. Wiss. Mitarbeiter am Lehrstuhl für neuere und neueste Geschichte in Regensburg, Stipendiat am Institut für Europäische Geschichte in Mainz. Freier Mitarbeiter bei verschiedenen Bildungsträgern (Ludwigshafen, Regensburg) im Bereich der außerschulischen politischen Jugendbildung.

Seit 2008 Direktor der katholischen Akademie der Erzdiözese Bamberg und des Jesuitenordens und Geschäftsführer des dazugehörigen Tagungshotels; Mitbegründer des *„Kompetenzzentrum für Demokratie und Menschenwürde“* der katholischen Kirche in Bayern.

Zahlreiche Veröffentlichungen zur historischen und politischen Bildungsarbeit, Herausgeber der Reihe *„Fragen der Zeit“* im Echter Verlag Würzburg.

SIEGFRIED GRILLMEYER

Lass uns zu den Menschen gehen

24 Begegnungen in aller Welt

echter

Klimaneutral
Druckprodukt
ClimatePartner.com/12514-2206-1006

Bibliografische Information der Deutschen Nationalbibliothek
Die Deutsche Nationalbibliothek verzeichnet diese Publikation in der Deutschen Nationalbibliografie; detaillierte bibliografische Daten sind im Internet über http://dnb.d-nb.de abrufbar.

1. Auflage 2022

www.echter.de

Covergestaltung: Vogelsang Design, Jens Vogelsang, Aachen
Fotos: © Siegfried Grillmeyer
Layout Innenteil: satzgrafik Susanne Dalley, Aachen
Druck und Bindung: Friedrich Pustet, Regensburg

ISBN 978-3-429-05781-7

Inhalt

Lusaka | Sambia

1.

Jeff – eine Begegnung in Lusaka

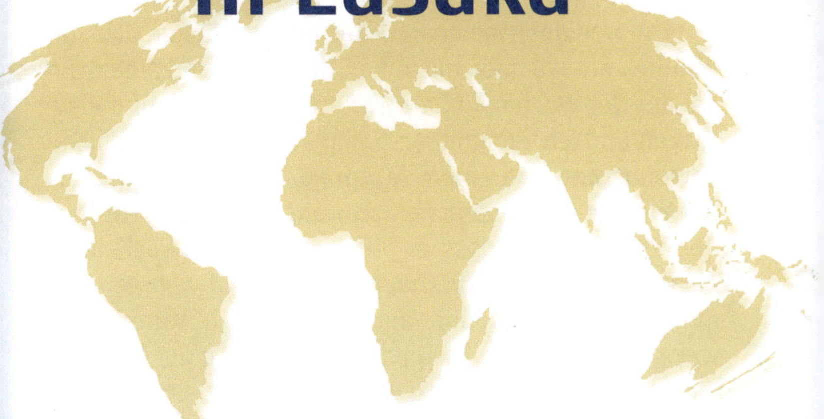

Wieder fahren wir über die staubigen Straßen von Lusaka, der Hauptstadt Sambias im südlichen Afrika. Ich bitte den Fahrer, die nächste Straße abzubiegen. Denn ich will wissen, ob es das Mulele Mwana Youth Skills Centre noch gibt. Und in der Tat: Da steht der Kirchturm, und ich sehe die Einfahrt mit der ausgeblichenen Tafel: *„Welcome to Mulele Mwana"*. Darunter steht als *„Our Mission"* mittlerweile noch schlechter lesbar als vor ein paar Jahren:

„Damit sie Leben in Fülle haben."
(Joh 10,10)

Wir halten und ich gehe kurz zum Wachhäuschen. Ein junger Mann öffnet und ich frage nach Jeff. „Kenne ich nicht", antwortet der Wachmann wortkarg und auf Nachfrage erfahre ich, dass er zwar seit zwei Jahren hier arbeite, aber nie mit einem Jeff zu tun hatte. Als ich mich auf dem Weg zurück zum Wagen nochmals umdrehe, lass ich den Blick schweifen und sehe Jeff vor mir.

Jeff war der Wachmann, der uns als Erster das Tor öffnete, als wir hier mit einer Gruppe unterkamen. Er sei nur der Wachmann, antwortete er damals auf meine Fragen und ich verstand erst allmählich, dass er es nicht gewohnt war, von einem Muzungu – in seiner Sprache ein Weißer – angesprochen zu werden. Erst am zweiten Abend erfuhr ich, dass er Jeff hieß und als Wachmann nicht gewohnt war, überhaupt von jemand wahrgenommen, geschweige denn angesprochen zu werden. Er war stets mit einem Blaumann bekleidet, einem blauen Monteuranzug, der ihm zu weit war und mit einem abgeschabten Kunstledergürtel zusammengerafft wurde. Darunter lugte ein abgetragenes gelbes Hemd hervor und wenn es nachts kalt wurde, hatte er noch eine alte, ebenfalls etwas zu weite und abgetragene und völlig unmodische schwarze Lederjacke. Vor allem erinnere ich mich an sein Lächeln, ein freundliches, dem Gegenüber zugewandtes Lächeln, das mich von der ersten Begegnung an faszinierte und schlichtweg freute.

Als wir schon so etwas wie Freundschaft auf Zeit geschlossen hatten und er spürte, dass ich mich wirklich für sein Leben interessiere, erfuhr ich von Jeff, dass wir gleichaltrig waren und er schon lange als Wachmann arbeitete, jeweils sechs Tage die Woche. 10 Stunden saß er in (oder stand vor) dem Wachhäuschen, öffnete und schloss das Tor und grüßte die Gäste. Dafür erhielt er (vor der Währungsreform) 300.000 Kwacha im Monat, umgerechnet also knapp 45 Euro. Jeden Kwacha sparte er für seine Familie, vor allem für seine Tochter Elina. Wenn er von ihr erzählte, hatte er entweder leuchtend-glückliche oder melancholisch-traurige Augen. Damit seine Frau, seine Mutter und eben Elina überleben konnten und auch noch das Schulgeld von 300.000 Kwacha pro Schuljahr bezahlt werden konnte, leistete er sich nur eine warme Mahlzeit am Tag, lief jeden Tag von seiner Gruppenunterkunft eineinhalb Stunden einfach zur Arbeit und besuchte die Familie nur einmal im Jahr.

Der Fahrer hupte, damit ich endlich wieder einstieg. Wir mussten weiter. Es gibt viele Wachmänner in Lusaka, in Sambia, in Afrika und es wäre schön, wenn sie ein *„Leben in Fülle“* hätten, wie es auf der Tafel des Centre Mulele Mwana hieß.

Rosario | Venezuela

2.

Ein Bild des Friedens

Als hätte ein Maler alle Grüntöne, die man sich vorstellen kann, in einem Bild zusammengefügt, so lag diese Landschaft vor mir. So weit das Auge reichte, fügten und schmiegten sich die bewaldeten Berge und Hänge aneinander und führten nach unten in kleine Täler, in einem davon schlängelte sich ein Fluss. Von hier oben sah er klein aus, aber seine Ufer säumten breite Kiesflächen und es war unmöglich, mit einem Steinwurf die andere Seite zu erreichen. Sein Wasser war klar, und folgte man den kleinen Zuläufen, erreichte man völlig zugewachsene Oasen. So hatte ich mir als kleiner Junge den Dschungel vorgestellt, dachte ich schmunzelnd. Von oben konnte man nicht genau erkennen, welche Pflanzen sich zu dem unterschiedlichen und dichten Grün zusammengefunden hatten. Nur wer sich hier auskannte, konnte erahnen, dass in diesem Gestrüpp ein wunderbarer Kaffee heranreift – einer der besten in Lateinamerika. Die Bäume über den Pflanzen spendeten den empfindlichen Arabica-Bohnen Schatten und speicherten Feuchtigkeit.

Je nach Tageszeit spielte die Sonne mit verborgenen Grüntönen und ließ die Bäume auf den Rücken der Hügel entweder erstrahlen oder ins Dunkle abtauchen und in manchen Morgenstunden verfingen sich in den Tälern weiße Nebelschwaden. Ich liebte diesen Blick und stand meistens früher auf, um vor dem Haus von Gabriel Pérez den Tag zu begrüßen, bevor sich alle auf den Weg machten. Gabriel zeigte uns den Kaffeeanbau rund um Rosario, berichtete von der Genossenschaft Copalar in Guárico und würde unsere kleine Gruppe bald wieder zurück nach Barquisimeto bringen. Diesen Blick, diese Landschaft werde ich auf jeden Fall in Gedanken mitnehmen über Barquisimeto und Caracas und damit von Venezuela nach Deutschland, dachte ich gerade, als die Ama de Casa aus dem Haus trat und fragte, ob ich noch Kaffee möchte. Ich nickte und voller Begeisterung wollte ich sie teilhaben lassen an diesem wunderbaren Gefühl, das mir diese Landschaft vermittelte, zeigte mit ausgestreckten Armen auf Hänge und Täler und sagte zu ihr:

„Ist es nicht ein wunderbares Gemälde des Friedens?“
Es una pintura de paz!

Da sah sie mich an. Zuerst verwundert. Dann mischte sich Unverständnis mit einem Hauch von Verachtung durch Stirnrunzeln, Hochziehen der Augenlider und langsames Zusammendrücken der Lippen. Es war nur eine Ahnung, welche Gedanken sich dahinter versteckten und verdichteten. Vielleicht sah sie in diesem Moment, was ich selbst von mir befürchtete. Diesen jungen Europäer, der voller Begeisterung war für das naturverbundene Leben in diesem Dorf und nicht sehen wollte, dass es ein Leben voller Entbehrungen war. Der Kaffeeanbau war ein hartes Geschäft und die Männer überwanden ihre Mühsal und ihre Sorgen mit billigem Rum. Wenn die Ernte ausfiel, klopfte bald der Hunger an die Tür, der nächste Markt war über eine Stunde und ein Krankenhaus mehr als zwei Stunden entfernt. Ihre Kinder sollten es – wie es alle Mütter dieser Welt wünschen – besser haben und sie musste sie ziehen lassen in die Stadt, weit weg von heimatlichen Hügeln und Tälern. Sie antwortete schließlich:

„Es una pintura de trabajo!“ – Es ist ein Bild der Arbeit!

Hebei | Provinz Zhili

3.

Endless Love – eine Liebe in Hebei

Wir stehen am Bett eines geistig behinderten Kindes in Hebei, der früheren kaiserlichen Provinz Zhili im Norden Chinas. Ich helfe der zierlichen Schwester das Zimmer zu säubern und lege die vom Urin und Schweiß der Nacht durchtränkten Laken zur Seite, um über die reinen Holzbretter ein neu gereinigtes, aber verschlissenes Tuch zu breiten. Die Kinder sind derweilen beim Füttern und anschließenden Baden. Ohne es den anderen Freiwilligen jemals zu gestehen und mir anmerken zu lassen, bin ich froh, die Bettenreinigung und das Putzen übernehmen zu können. Beim Füttern ist es oft schwer, den Kindern ihren Kopf zu halten, um den Reisbrei zu verabreichen. Manchmal bedarf es dazu regelrechter Gewalt und aufgrund von epileptischen Anfällen landet das Essen auch zuweilen auf meinem T-Shirt oder auch mal in meinem Gesicht. Beim Baden werden die verschiedenen körperlichen Behinderungen augenscheinlich und ich frage mich oft, ob man manche der verkrüppelten Arme und Beine nicht operieren könnte, um Laufen und Greifen zu ermöglichen oder wenigstens zu erleichtern. Beim Füttern und Baden kann ich daher das Mitleid schwer fernhalten, auch wenn es immer wieder durchbrochen ist von Momenten fröhlicher Herzlichkeit, wenn die Kinder lachen oder sich zärtlich an mich schmiegen. Beim Putzen kann ich hingegen meinen Gedanken nachhängen und manchmal auch mit den Schwestern ein wenig ins Gespräch kommen über Gott und die Welt und sie, offen gestanden, bewundern. Sie putzen, baden, füttern hier nicht auf Zeit mit einem Rückflugticket in eine andere Welt in der Tasche, sondern leben ihren Dienst und sind dafür in die Ordensgemeinschaft eingetreten.

Über dem Bett steht wie bei weiteren sechs Betten in diesem kleinen und stickigen Raum auf einem Kreppbandstreifen ein chinesischer Name: *Ye*. Ich frage danach, was er bedeutet. Der Name dieser Kinder ist die phonetische Übersetzung des Nachnamens eines katholischen Paters, der vor Jahren dieses Zentrum für körperlich und geistig Behinderte gründete. Es ist das einzige Heim hier in diesem Raum, in dessen Stadtzentrum allein 700.000 Einwohner leben. Ein nächstes derartiges Behindertenzentrum liege rund 200 km weiter Richtung Peking in einem nächsten Ballungsraum, erzählte mir die anmutige und bezaubernde Schwester neben mir.

In diesem Land im rasanten Aufschwung und seit Jahren mit zweistelligen Wirtschaftswachstumsraten kennt man kein Sozialsystem, wie ich es aus Deutschland gewohnt bin. Hier vor dem Don Bosco Center werden von den Eltern ausgestoßene Kinder einfach vor der Tür des Komplexes nachts abgelegt oder man findet sie auch ausgesetzt am Rande von Mülldeponien. Und da die Schwestern nichts von ihnen wissen außer ihrer Hilfsbedürftigkeit, geben sie ihnen diese selbst erfundenen Namen. Auf dem speckigen Zettel über einem Bett, das ich nicht vergessen werde, steht als Name:

永远的爱 *(yongyuan de ai)*

und die Schwester übersetzt lächelnd:

Endless Love – unendliche Liebe.

Guwahati | Assam

4.

Sister Mary und God is Love in Assam

Eigentlich sind wir auf der Durchreise im Nordosten Indiens, irgendwo zwischen Shillong, der Hauptstadt von Meghalaya, und der am südlichen Ufer des Brahmaputra gelegenen Stadt Guwahati in Assam, als uns der Fahrer fragt, ob wir nicht bei den Schwestern einen Tee trinken möchten. Natürlich wollen wir. An der Abzweigung steht auf einem Schild: *„Missionaries of Charity"* mit einem Pfeil nach rechts zum *„Convent"* und mit einem Pfeil nach links zum *„Leprosy Centre"*. Ungläubig und verwirrt frage ich, ob es noch viele Leprakranke hier gebe. „You will see", antwortet der Fahrer und zeigt den Weg, auf dem uns Schwester Mary entgegenkommt.

Sie trägt den typischen weißen Schleier mit blauer Umrahmung, den wir von der Ordensgründerin Mutter Teresa her kennen. Auf ihrem Gesicht spiegelt sich eine wahre Freude, uns als Gäste durch ihr Lepradorf führen zu dürfen. Am Eingang ist auf einen Stein geschrieben:

„Jesus loves you!"

Sie berichtet uns auf dem Weg, dass sie zu den Missionarinnen der Nächstenliebe gegangen sei, um von dieser Liebe etwas weiterzugeben. Wir grüßen einen jungen Mann, der gerade den Boden kehrt, und erst im Vorübergehen entdecke ich, dass er nur noch mit Fingerstummeln den Besen hält.

„Nein", erklärt mir Sister Mary, „eigentlich ist Lepra kein medizinisches Problem, sondern ein hygienisches und die Krankheit könne auch völlig ausgeheilt werden. Aber die Menschen kommen oft zu spät, wenn sich die Ansteckung schon ausgebreitet und ihnen Gliedmaßen genommen hat. Das eigentliche Problem liege darin, dass sie ausgestoßen werden und die Dorfbewohner sie vertreiben und nicht mehr dulden – auch wenn sie wieder gesund sind, aber von der Krankheit erkennbar gezeichnet bleiben."

Auf dem Weg begegnen uns ältere Männer in alten, abgenutzten Rollstühlen. Manchmal sind ihre Handgelenke und Füße in dicke Bandagen gehüllt, manchen fehlen sie ganz. Sister Mary hat für alle ein gutes Wort – auch wenn ich die Sprache nicht verstehe, fühle ich das Wohlwollen in ihrer Stimme. Stolz zeigt sie uns die Weberei und Schneiderei, die dem Dorf ein wenig Einkommen ermöglicht. Erst beim Blick durch den Kamerasucher entdecke ich, dass den fleißigen Handwerkerinnen oft ganze Finger fehlen. Aber ich kann meine Augen schnell wieder von diesem Anblick lösen, da mich freundliche Augen anlächeln: „*Khublei*", erfahre ich, bedeutet „*Sei willkommen!*". In langgezogenen Häusern befinden sich die Krankenstationen, die mir die indische Schwester noch zeigt. Dicht aneinandergereiht stehen Pritschen, die schön mit bunten Decken hergerichtet sind. Ein Mann nickt mir freundlich zu und da erkenne ich erst, dass er keine Beine hat. Ein anderer winkt mir mit einer Hand zu, an dem alle Finger fehlen. Im letzten Raum nimmt Schwester Mary eine Frau in den Arm, betrachtet ihre teilamputierten Hände und küßt sie.

Am Ausgang kommen wir an dem Stein vorbei „*Jesus loves you*", auf dessen Rückseite steht „*God is Love*" und Schwester Mary lächelt.

E.Muthulingapuram | Südindien

5.

Happy Toilet – Healthy Life

Der 19. November wurde von den Vereinten Nationen als Welttoilettentag ausgerufen und jedes Jahr denke ich an diesem Tag an das kleine Dorf in Südindien, in dem ich im Sommer 2004 eine Woche verbringen durfte. Mein Freund Jayaseelan hatte mich eingeladen, in seiner Familie zu Gast zu sein. Wir hatten uns an der DACA der Jesuiten kennengelernt, der *„Dr. Ambedkar Cultural Academy"* in Madurai. Er nahm dort an einer Fortbildung zum Leiter von ländlichen *„Evening Schools"* für Dalits teil und ich durfte bei einer Projektreise der deutschen Jesuitenmission seine Arbeit kennenlernen. Und so ging es die rund 75 km von Madurai drei Stunden über staubig-trockene Straßen über Sattur nach E.Muthulingapuram.

Wenn ich an das Heimatdorf meines Freundes denke, erfüllt mich immer noch große Dankbarkeit für diese unbeschreibliche Gastfreundschaft, die mich eine ganze Woche begleitete. Nicht nur bei Jayaseelan und seiner wunderbaren Familie, sondern bei jeder Begegnung. An jedem Tag musste ich beispielsweise mehrmals frühstücken, denn immer wenn wir ein Haus betraten, gab es Essen – das weltweite Symbol der Gastfreundschaft. Auch wenn in den Lehmhäusern fast nichts zu finden war und es an jeglichen Vorräten mangelte, Reis mit Masala gab es immer.

Besonders angetan hatten es mir die Kinder, die stets meinen Weg durch das Dorf begleiteten. Ich durfte ihnen in der Schule ein paar Worte Englisch beibringen und von Europa erzählen. Am zweiten Tag in der Schule fragte ich nach einer Toilette und alle waren peinlich berührt, denn es gab schlichtweg keine. Man hatte einen recht weiten

Weg zu einem Damm zu gehen, wo man seine Notdurft verrichten konnte. Der Lehrer berichtete mir dann auch, nachdem wir Freundschaft geschlossen hatten, dass die fehlenden Toiletten ein großes Problem für das Dorf und auch für die Schule seien. Die Kinder mieden oft den Weg zum Damm, die Latrinen in den Haushalten würden nicht sachgerecht organisiert und Infektionen waren dadurch an der Tagesordnung.

Zurück in Deutschland ließ mich das Bedürfnis, auch nur irgendwie zu helfen, nicht los. Wir sammelten Geld und organisierten den Bau einer Toilettenanlage über das jesuitische Netzwerk.

Nach einiger Zeit schickte mir Jayaseelan aus einem Internetcafé eine Nachricht: Das große Toilettenhaus mitsamt Latrine sei nun gleich neben der Schule errichtet worden und beim Eingang stehe auf einer steinernen Tafel: *„Donated by Siegfried and friends"*. Irgendwann möchte ich diese Tafel an *„meinem Klohäuschen"* in natura sehen, vielleicht zum Welttoilettentag, an dem auf das gemeinsame Anliegen aufmerksam gemacht wird: Noch immer haben 40 Prozent der Weltbevölkerung keine ausreichende Versorgung mit Sanitäranlagen und 2,5 Milliarden Menschen keinen gesicherten Zugang zu sauberem und gesundem Wasser. Der World Toilet Summit, das Gipfeltreffen zum Welttoilettentag in Bangkok, stand unter dem Motto

„Happy Toilet – Healthy Life".

Das gilt auch für mein Dorf in Südindien, an das ich immer am 19. November denke.

Sambia | Südafrika

6.

Wie Ameisen in ihrem Bau

Erst viel später wurde mir bewusst, welche Ehre es war, dass er mich zu seiner Mutter mitnahm. Als wir längst Lusaka, die Hauptstadt Sambias, hinter uns gelassen hatten, bogen wir auf unbefestigte Wege ab und es ging durch den Busch auf diesen roten Sandstraßen, die ich immer mit Afrika verbinden werde. In der Regenzeit, so erklärte mir Dominic, ist hier auch mit einem Landrover kein Durchkommen, denn die unbefestigten Pisten verwandeln sich in tiefen Matsch und die Hauptstadt ist schier unerreichbar.

An diesem Tag stand die Sonne erbarmungslos am wolkenlosen Himmel und ich beobachtete aus dem klimatisierten Pick-up heraus voller Achtung die Menschen, die mit Holzbündeln oder Körben mit Gemüse auf den staubigen Wegen unterwegs waren. Woher und wohin, war schwerlich zu erkennen, denn man sah nur immer wieder aus der Ferne ein paar Lehmhütten. Als wir näher vorbeikamen, konnte ich erkennen, dass die Rundhütten aus getrockneten Lehmziegeln gebaut und mit einem Schilfdach gedeckt waren. Dazwischen gab es in diesen kleinen Siedlungen Hochstände, ebenfalls schilfbedeckt, auf denen Lebensmittel (vor allem Mais) gelagert wurden.

Schließlich hielt der Wagen vor einer von insgesamt drei Hütten und eine Frau kam langsam und vom Alter gebückt auf unseren Wagen zu. Sie kniff die Augen zusammen, wie kurzsichtige Menschen dies oft tun. Als sie uns erkannte, erhellten sich ihre Gesichtszüge und ein Lächeln hieß uns willkommen. Für Victoria waren die Freunde ihres Sohnes auch ihre Freunde und so wurde bald Wasser aufgesetzt, um ein Getränk und Nshima, den sambischen Maisbrei, für uns zu bereiten. Hier war also Dominic aufgewachsen, den ich bei einer internationalen Konferenz zu Fragen der internationalen Entwicklungszusammenarbeit kennen gelernt hatte. Dort hatte er seine Analysen am Rednerpult und gekleidet in Anzug und Krawatte dargestellt wie er es durch sein Studium an der renommierten LSE, der London School of Economics, gewohnt war. Hier saß er auf einem staubigen Brett am Boden, den Maisstampf aus einer verbeulten Blechschale essend und fröhlich mit seiner Mutter und den anderen Bewohnern plaudernd. Wie weit muss dieser Weg gewesen sein, dachte ich, von dieser Einsiedelei über eine Jesuitenschule mitsamt Stipendien bis hin zum Vertreter von Nichtregierungsorganisatoren in den Hauptstädten und Konferenzsälen dieser Welt.

Auf dem Rückweg war ich wortkarg, denn im Kopf konnte ich diese Lebenswelten nicht zusammenbringen. Fast verlegen fragte ich ihn ein bisschen nach seiner Zeit in London. „Schau mal“, sagte Dominic, „siehst du dort den Termitenhügel? Wenn ich in London unterwegs war, dann eilten die Menschen wie Ameisen in Scharen auf dem Weg zur U-Bahn und verschwanden dort wie im Ameisenhaufen, um irgendwo wieder aufzutauchen. Immer früh und abends war ich wie die anderen ein ganz kleiner Teil dieses großen Schauspiels. So eine Ameise möchte ich nicht sein“, sagte er lachend und bog in die Straße nach Lusaka ein.

Aleppo | Syrien

7.

Aleppo im Herzen

Alles, was ich von ihm weiß, habe ich im Aufzug erfahren. Und heute bedauere ich sehr, dass ich mir nie Zeit nahm für seine Geschichte. Er war höflich zurückhaltend, aber wenn er angesprochen wurde, wandte er sich mit offenen Augen und einem Lächeln seinem Gegenüber zu. In den ersten Tagen hatten wir keine gemeinsame Sprache und es blieb bei diesem Austausch des gegenseitigen Wohlwollens durch Nicken und Lächeln. Immerhin konnte ich mit Hilfe einiger englischer Vokabeln erfahren, dass er aus Syrien geflohen war. Er war Arzt und absolvierte nun einen Sprachkurs. Da er als Christ in Kontakt mit einer Gemeinde stand, hatte ihn jemand für die Zeit des Kurses ein Zimmer im katholischen Tagungszentrum vermittelt, in dem ich arbeite.

Bereits nach wenigen Wochen sprach er mich auf Deutsch an und ich konnte die entsprechenden Kapitel des Deutschkurses regelrecht nachvollziehen. Zuerst stellte er sich vor: „Ich heiße Andrew und komme aus Aleppo." Dann kamen Sätze zu seiner Familie und schließlich Fragen zum täglichen Leben: „Wo hat es hier einen Friseur?"

Bei den Nachfragen zu seiner Familie wich er anfangs aus und ich wusste nicht, ob es an den fehlenden Wörtern lag oder er nicht darüber reden wollte. Es ist nicht leicht einzuordnen, ob ein Dreißigjähriger die falsche Vergangenheitsform verwendet, wenn er sagt: „ich hatte eine Schwester und einen Bruder" oder sich dahinter ein erschütterndes Schicksal verbirgt. Mit unglaublicher Geschwindigkeit nahm Andrew die nächsten Stufen beim Erlernen der Sprache und die kurzen Aufzugsfahrten reichten nicht mehr aus.

Wir blieben immer öfter und länger vor der Aufzugstür stehen und er erzählte von Aleppo. Mein Interesse ermunterte ihn, Bilder auf dem Smartphone zu suchen. Eine wunderbare Stadt zeigte er mir, wie eine Illustration zu den Geschichten aus *„Tausend und einer Nacht“*: Der weltberühmte Basar, das größte überdachte Marktviertel der Welt, die Umayyaden-Moschee, auf den Mauern einer christlichen Kathedrale und eines noch früheren Tempels erbaut, und die mittelalterliche Zitadelle. Eine Stadt, seit 2000 vor Christus besiedelt und gewachsen an den Schnittstellen zwischen Orient und Okzident. Jerusalem, Damaskus und Istanbul waren nicht weit, Letzteres mit dem Zug erreichbar. In den Mauern der Stadt spiegelte sich die wechselseitig befruchtende und zerstörerische Begegnung von Juden, Christen und Muslimen und von Ost und West.

„Ja“, antwortet mir Andrew, „heute ist das alles verloren.“ Und zu diesem Verlust zählen auch die engsten Verwandten. Sein Bruder war wie sein Onkel und dessen Familie beim Angriff auf Aleppo mit Brandbomben in den grauenvollen Schrecken des Bürgerkriegs umgekommen.

Bereits nach einem halben Jahr absolvierte Andrew ein Praktikum und nach einem Jahr erhielt er eine dauerhafte Stelle als Internist am Krankenhaus. Seitdem er ausgezogen ist, fehlen die Begegnungen im Aufzug. Für kurze Momente haben sie mir die Augen geöffnet für andere Realitäten, mitten unter uns.

Lalibela | Äthiopien

8.

Von Engeln und Menschen in Lalibela

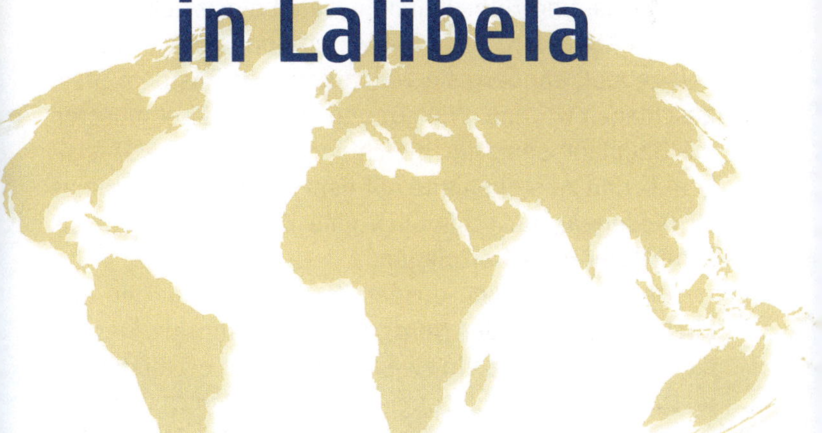

Er war mir sofort sympathisch, als er auf uns zukam und sich ruhig und freundlich vorstellte: „Mein Name ist Mesele. Ich freue mich, euch die heiligen Stätten von Lalibela zu zeigen." Diesem jungen Äthiopier mit seinen wachen Augen und einem Lächeln in den Mundwinkeln war seine echte Freude anzumerken, die weltberühmten Felsenkirchen erklären zu dürfen.

Er erzählte uns vom König, der diese Kirchen aus dem roten Tuffgestein schlagen und hier eine neue Stadt entstehen ließ. Ein Schwarm von Bienen soll seine Wiege umkreist haben. In der Stammessprache heißt *„die Bienen verkünden sein Königtum"* sinngemäß übersetzt *„Lalibela"* – und so sollte der künftige König und auch seine Stadt heißen.

Felsenkirchen haben mich schon immer fasziniert. Allein aufgrund der immensen handwerklichen Leistung, die Menschen entfalteten, um ihrem Gott einen geheiligten Raum zu schaffen. Aber im Gegensatz zu vielen anderen Fels- und Höhlenkirchen waren diese Gebäude im Norden Äthiopiens nicht in den Berg oder eine Höhle hineingebaut, sondern sie waren komplett aus dem Stein geschlagen worden. Wie gut und ausgearbeitet mussten die Baupläne sein, dachte ich mir, um einfach auf felsigem Grund zu stehen und mit dem Behauen des Steines zu beginnen, um schließlich eine Kirche von mehr als zehn Meter Höhe freizulegen.

Bereits zu Beginn unserer Besichtigung in den drei Kirchengebäuden der Nordgruppe erzählte uns Mesele, dass König Lalibela ein zweites Jerusalem erbauen wollte. Und diese Symbolik begleitet uns auf Schritt und Tritt. Der (bei unserem Besuch ausgetrocknete) Fluss heißt

Yordanos und grenzt den ersten Kirchenkomplex von einem zweiten, östlich gelegenen ab. Es finden sich neben einem Platz Golgotha ein Bereich Sinai und sowohl das Grab Adams wie das Grab Jesu. Wir folgen Mesele staunend von Kirche zu Kirche, bis wir schließlich bei der berühmten St.-Georgs-Kirche im Westen ankommen. Sie ist wohl die jüngste der vielen Kirchen: Ende des 12. Jahrhunderts, vielleicht auch erst Anfang des 13. Jahrhunderts erbaut. Hier hat man alle Erfahrungen dieser außergewöhnlichen Bautechnik einfließen lassen und man erkennt noch heute, wie die Kirche aus dem darum herum befindlichen Stein geschlagen wurde.

Mesele erzählt wieder seine Geschichte, die er bei allen anderen Kirchen schon erzählte: Am Tage arbeiteten die Menschen am Kirchenbau und nachts bauten die Engel daran weiter und entfernten die nächsten Schichten Gestein. Wieder sage ich darauf, „so sagt es zumindest die Legende“. Und beim Zurücklaufen frage ich nochmals nach, wie er die Geschichte mit den Engeln meine. „Na, die Engel haben eben an den Kirchen mitgebaut!“, wiederholt er und kann mein Nachfragen nicht verstehen. „So sei das gewesen!“, betont er nochmals abschließend.

In diesem Moment ist er mir noch sympathischer. Ein Zwanzigjähriger, der die Welt nicht entzaubert wissen will und die Grenze von Weltlichem und Außerirdischem offen hält.

Rom | Italien

9.

Adolfo Nicolás: Das Leben ist ein Picknick

Es gibt Menschen, die einfach eine besondere Aura haben – eine Ausstrahlung, die man gar nicht so einfach in Worte fassen kann. Eine Begegnung mit ihnen lässt einen tiefen Eindruck zurück und im Innersten auch ein bisschen den Wunsch und die Hoffnung, ihnen nachzueifern oder, ganz salopp ausgedrückt, sich für die eigene Person *„eine Scheibe abzuschneiden"*.

Eine derartige Persönlichkeit war Adolfo Nicolás Pachón und ich durfte ihn kurz in Rom und später bei einem Vortrag in München etwas näher kennenlernen.

Adolfo Nicolás wuchs zur Zeit des spanischen Bürgerkriegs in der Provinz Palencia auf und trat 1953 in Toledo in den Jesuitenorden ein. Bereits als junger Jesuit ging er nach Japan und bis zu seinem Tod sollte ihn eine Leidenschaft für Asien erfüllen. Nach weiteren Studien in Rom lehrte er als Professor für Theologie in Tokio, anschließend wurden ihm die Leitung der japanischen Jesuiten und die Moderation der *„Jesuit Conference of East Asia and Oceania"* übertragen. Als man 2008 einen neuen *„Chef"* für alle Jesuiten und damit für rund 20.000 weltweit tätige Ordensmitglieder suchte, fiel die Wahl auf ihn.

Und bereits bei unserer ersten, ganz kurzen Begegnung im Headquarter der Jesuiten an der Borgo S. Spirito 4 in Rom war ich fasziniert, wie der – aufgrund seiner Bedeutung auch als *„schwarzer Papst"* bezeichnete – kleine Spanier in den wenigen Minuten, die er sich Zeit nehmen konnte, ganz präsent war, als sei ich gerade sein wichtigster Gesprächspartner.

Bei seinem Europabesuch konnte ich ihm lange zuhören, als er von seiner Vision einer geschwisterlichen Welt sprach und seine Zuhörerinnen und Zuhörer aufforderte, die tägliche innere Einkehr als Voraussetzung für ein erfülltes Leben zu nutzen. Die Taten folgen stets den Gedanken und es brauche daher diese Zeit der eigenen Reflexion als spirituelle Übung, wie die Muskeln die Bewegung benötigen.

Nach seiner Rede fragte ich ihn am Buffet, ob er denn nicht erschöpft sei von den langen Reisen, die ihn über Afrika nach Europa führten, um die Struktur des Ordens umzubauen. Da erzählte er mir, dass er die Begegnungen auf Reisen nicht als anstrengend erlebe. Herausfordernd und auch wichtig seien dagegen die Vorbereitungen. „Schau mal“, sagte er verschmitzt lächelnd, „es ist wie ein Picknick. Es ist immer wichtig, es gut vorzubereiten. An alles zu denken und die Speisen zu organisieren. Wenn dann alles geschehen ist, kann man sich allein auf das Picknick konzentrieren. Und ein Picknick ist auch nichts anderes als die schöne Begegnung mit Menschen, mit denen man dann Zeit teilt.“

Als er seine Kräfte schwinden spürte, bat er um Entlassung aus dem Amt und übergab es seinem Nachfolger. Bald darauf kehrte er nach Tokio zurück. Und als er bald darauf aus dieser Welt ging, hatte ich das Gefühl, er hatte auch alles für das letzte Picknick vorbereitet.

Und immer dann, wenn ich zu viel um die Ohren habe und mir die Aufmerksamkeit und damit die Zuwendung zu meinen Gesprächspartnern abgeht, dann denke ich daran, dass ich mir nicht genügend Zeit genommen hatte, das Picknick vorzubereiten.

E.Muthulingapuram | Südindien

10.

Water is precious here

Heute dachte ich wieder einmal an E.Muthulingapuram – just in dem Moment, als ich ganz erfrischt aus der Dusche stieg und mich abtrocknete. Seltsamerweise erinnerte ich mich bei diesem wunderbaren Lebensgefühl, wenn man nach einem langen Duschbad die Haut prickelnd und den Körper belebt spürt, an die staubigen Wege und die Hitze in E.Muthulingapuram.

Es sind schöne Erinnerungen an dieses kleine Dorf im Süden Indiens, unweit von Sattur und rund 75 km von Madurai, der Stadt der Tempel, entfernt. Mein Freund Jayaseelan zeigte mir sein Dorf und die Bewohner erzählten mir ihre Geschichten. Bevor wir morgens aufbrachen, kochte mir Josephine Wasser ab und füllte es mir fürsorglich in meine große Wasserflasche.

Dass sie das Wasser kochte, das dadurch den ganzen Tag nicht abkühlte, um Keime abzutöten, verstand ich anfangs – wie so vieles in Indien – nicht. Zumindest bis zu jenem zweiten Mittwoch im Monat August. Wir hatten die Nacht auf dem Vorplatz der St.-Joseph-Kirche verbracht, wo sich viele Männer ihr Schlafgemach unter freiem Himmel eingerichtet hatten und die ansatzweise zu spürende Kühle der Nacht genossen. Nach dem Frühstück bei meiner Gastfamilie mit Reis und scharfer Masala kamen wir an einer Zisterne vorbei. Sie war komplett ausgetrocknet und Jayaseelan berichtete vom ausbleibenden Regen und meinte: „Water is very precious here."

Zur Mittagszeit, als das Thermometer längst die 30er-Marke überschritten hatte, schien das gesamte Dorf in *„slow motion"* zu verfallen: Menschen bewegten sich in Zeitlupe und suchten den spärlichen Schatten.

Aber plötzlich kam Bewegung in die Gemeinde. Menschen riefen sich von Weitem etwas zu und eilten zu der kleinen Hauptstraße. Junge und Alte, Frauen und Männer trugen diese in Indien typischen Wasserbehälter herbei und es bog unter begrüßendem Geschrei ein kleiner Lastwagen ein, der einen großen Wassertank auf der Ladefläche hatte. Selten sah ich so viel Freude und Erwartung auf Gesichtern wie in diesem Moment. Jeden zweiten und vierten Mittwoch im Monat wird das rund 2000 Einwohner zählende Dorf mit Wasser versorgt, seit der Regen ausbleibt. Voller Faszination sah ich dem bunten Treiben bei der Abfüllung des Trinkwassers zu. Jeder Haushalt füllte einige der meist zehn Liter füllenden Behälter. Im Studium hatte ich gelernt, dass in Deutschland der Wasserverbrauch pro Person und Tag bei rund 120 Litern liegt. Natürlich für alles: Waschen, Kochen, Trinken. Und hier füllten sich die Menschen ihre Versorgung für zwei Wochen ab und teilten ihre Freude, dass es wieder Wasser gab. Das Wasser roch nicht gut – oder zumindest mischte sich der Gestank des alten Diesels, der es brachte, mit dem Geruch der verstaubten Behältnisse, in die es gefüllt wurde.

In seiner Freude, wieder Wasser abholen zu können für seine Familie, fragte mich Jayaseelan, ob wir denn auch genügend Wasser in Deutschland hätten. Ja – hatte ich gesagt, bei uns ist es nicht so heiß und wir haben genügend Wasser. Vielleicht habe ich mich deshalb heute wieder daran erinnert – an Muthulingapuram und meine Freunde dort, als ich mich nach diesem wunderbaren Duschbad abtrocknete.

Bretagne | Frankreich

11.

Versöhnung zwischen Austern und Absinth

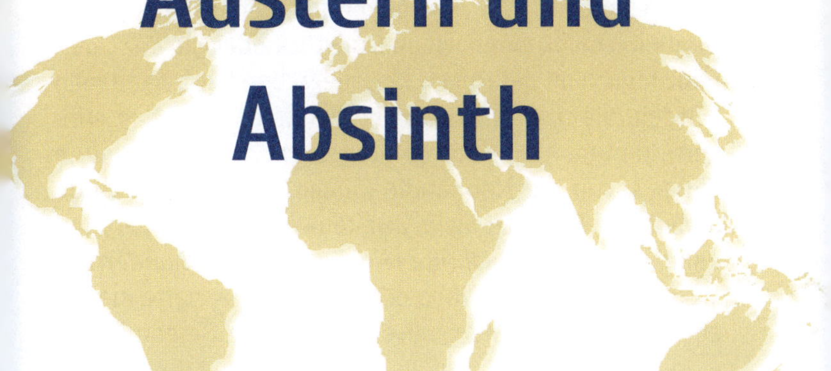

Eigentlich wollte ich nur das Verlängerungskabel zu unserem Wohnmobil verlegen – am Wagen des Nachbarn vorbei. Es war ein heißer Augustnachmittag und die intensive Sonne war nur erträglich aufgrund der leichten Brise, die vom Atlantik herüberzog. Wenn man die kleine Böschung bei den Stellplätzen nach oben ging, konnte man das wunderbare Blau an der Plage du Fogeo genießen und außerhalb der Bucht sah man die weißen Segel der Boote aus dem nahen Port du Crouesty auf dem Wasser tanzen. Wir waren bereits eine Woche unterwegs und die Fahrt wurde zu einer inneren Reise in die deutsch-französische Vergangenheit. Bei Saarbrücken passierten wir die Grenze und staunten in Nancy und Metz über die gotischen Kathedralen. Fernab der Autobahnen führte der Weg zu den Gräbern nach Verdun, über die Gedenkstätte in Douaumont und am Chemin des Dames in Richtung Reims. Und dabei war der Weg gesäumt von unzähligen Kriegerdenkmälern – weiße Kreuze bildeten Reihen von hunderten, tausenden einzelnen Gräbern. Wie wäre es mit unserem Lebensgefühl, fragte ich mich, wenn wir im Hunsrück oder die der Oberpfalz täglich an derartigen Massengräbern vorbeikommen würden, die uns auf Dauer an den Ersten Weltkrieg erinnern, den man hier nur *La grande guerre* nennt. Und je näher wir in die Normandie kamen, umso mehr wurde man an die Fortsetzung im Zweiten Weltkrieg erinnert und damit dem *„Dreißigjährigen Krieg des 20. Jahrhunderts"*.

Auch hier, in der Nähe der Wohnmobile, hatte man in ein Grab aus der Steinzeit eine deutsche Befestigungsanlage geschlagen und so tausendjährige Geschichte zerstört. Wir vermieden, uns auf Deutsch zu unterhalten, um nicht mit jenem Volk in Verbindung gebracht zu werden, dass hier zweimal wie eine Walze durch das Land gezogen war und Tod und Zerstörung hinterlassen hatte.

Und so fragte ich auch unseren Nachbarn auf Englisch, ob ich denn das Verlängerungskabel unter seinem Wagen durchziehen dürfte. „Of course, you are welcome", antwortete er und lud mich auch gleich auf einen Absinth ein. Was tut man nicht alles für die deutsch-französische Freundschaft, dachte ich mir: „Salute!" Während wir Männer tranken, bereiteten Mutter und Tochter das Essen vor. Ich hatte noch nie Austern gegessen und fragte interessiert nach der Zubereitung. Der etwa 60-Jährige zog einen Stuhl heran und so saß ich inmitten der französischen Familie zum Abendessen.

Pierre, so erfuhr ich, war in einem kleinen Dorf in der Lorraine, dem Zankapfel zwischen den europäischen Nachbarn, Elsass-Lothringen, aufgewachsen und die Liebe hatte ihn nach Vannes in der Bretagne gebracht. Er wusste viel über die deutsche Geschichte. „Hundert Jahre nach dem Krieg sollten wir versöhnt sein", meinte er schmunzelnd und öffnete eine weitere Flasche des Wermutschnapses, den man auch als grüne Fee bezeichnete.

„Wir müssen mehr für Europa tun –
das darf nicht mehr kaputtgehen!"

Zwischen Austern und Baguette erzählten wir unsere Geschichten. An diesem Abend in Arzon hatte mir Pierre durch Gastfreundschaft und Absinth Europa erklärt und mein eigenes Unbehagen als Deutscher in Frankreich genommen.

Tambacounda | Senegal

12.

Der Name der Rose in Tambacounda

Man hatte mich gewarnt, dass es im Februar schon unerträglich heiß werden würde. Aber ich nahm es als Verheißung und weniger als Drohung. Und so genoss ich es, dem nasskalten Nürnberg zu entkommen und bei sommerlichen Temperaturen in Dakar zu landen. Die ersten Tage verbrachten wir in Thiès unweit der senegalesischen Hauptstadt und es war ein beflügelndes Gefühl, dort zu arbeiten, wo andere Urlaub machen.

Nach den Besprechungen mit *„Techniker ohne Grenzen“* und der Planung des Ausbaus einer Anlage für Tröpfchenbewässerung ging es zum Projektbesuch nach Tambacounda. Auf den staubigen und mit Schlaglöchern durchsetzten Straßen wurden die rund 400 km zu einer tagesfüllenden Reise, auf der die Temperatur von Kilometer zu Kilometer zunahm. Bereits bei einer ersten Pause in Kaolack spürte man das Fehlen des maritimen Windes am Westzipfel Senegals und wir wurden mit fast vierzig Grad im Landesinneren begrüßt.

Am nächsten Tag besuchten wir die am Fluss gelegenen Plantagen und diskutierten lange mit den Vertretern der Genossenschaft über Absatzmöglichkeiten, Verarbeitung und Umstellung auf biologischen Anbau. Als mir die Temperaturen von über vierzig Grad jegliche Aufmerksamkeit nahmen, tauchte sie auf und ich war plötzlich hellwach. Sie trat wie eine Erscheinung in die Mitte unserer Besprechung. Vielleicht Mitte zwanzig oder dreißig schätzte ich die hypnotisierende Gestalt vor mir. Sie bewegte sich voller Anmut und man konnte das kraftvolle Leben in diesem Körper spüren. Ihre Augen funkelten und auf ihren Gesichtszügen und Lippen spiegelte sich die Lust am Leben.

Auch wenn ich kein Wort Wolof verstand, hing ich an ihren Lippen und konnte die Augen nicht lassen von diesem wie von einem Künstler modellierten Körper, der sich unter dem T-Shirt und der Arbeitshose abzeichnete. Ebenso rasch, wie sie gekommen war, verließ sie unseren Kreis und für mich blieb noch lange diese Ausstrahlung von Kraft, Lebenslust, Gestaltungswillen und Schönheit im Raum.

Die anderen waren überrascht, dass ich alles über diesen Besuch, den sie nur als Störung der Besprechung ansahen, wissen wollte. Sie war eine der namenlosen Plantagenarbeiterinnen. Während wir diskutierten, hatte sie schon seit vielen Stunden gearbeitet und da sie nicht lesen konnte, musste sie sich die Informationen zu den nächsten Arbeitsschritten einholen. Früher, meinte mein Kollege auf der langen Rückfahrt nach Dakar, waren Menschen wie diese Frau einfach *„vergeudetes Leben"*. Denn der Hunger und die Perspektivlosigkeit zwangen sie oft dazu, im wahrsten Sinne ihre Haut in der Hauptstadt zu Markte zu tragen. Daher war der Fortbestand der Genossenschaft so wichtig, der ihnen ein Auskommen sicherte.

Auf dem Rückflug las mein Kollege die Geschichte jenes Adson von Melk, der die Menschen in ihren Möglichkeiten und Lastern einer mittelalterlichen Welt beschrieb und dabei auch von der Begegnung mit einem vergeudeten Leben berichtete: *Der Name der Rose*. Dieses Bild nahm ich mit, als mich der Flieger längst aus der Hitze Afrikas in das kühle Deutschland gebracht hatte, und ich habe sie immer noch vor Augen.

Mbyo | Ruanda

13.

Das Wunder der Versöhnung in Mbyo

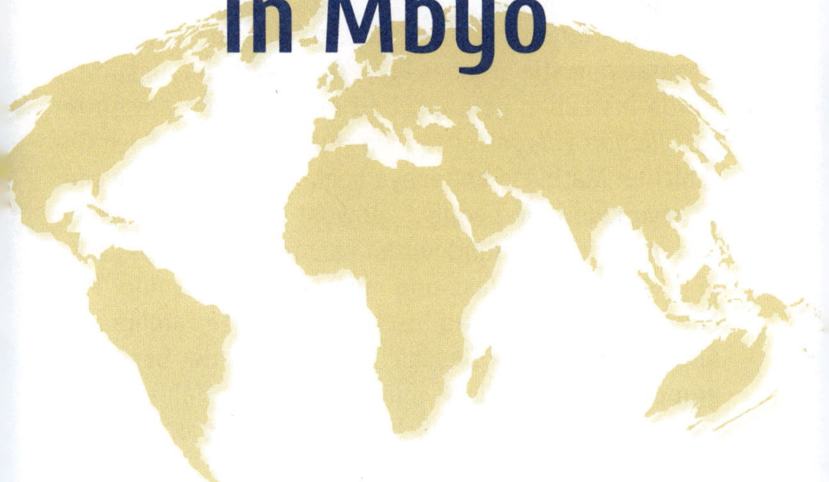

Manche Begegnungen können wir nicht einordnen, auch wenn wir es immer wieder versuchen. Und auch heute – nach Jahren – kann ich die Geschichte von Jeannette und Mathias und damit diese Erzählung über das Wunder der Versöhnung letztlich nicht ganz verstehen.

Es war ein wunderbarer Sommertag im Juli und auf unserem Programm stand *„Besuch des Versöhnungsdorfes Mbyo – Gespräche mit Zeitzeugen"*. Die lange Fahrt von der Hauptstadt Kigali in den Osten des Landes war ein Genuss. Wer unterwegs ist, braucht keine Erklärung, warum Ruanda als *„Land der tausend Hügel"* oder die *„Schweiz Afrikas"* bezeichnet wird, und kommt ins Schwärmen über die wunderbare Landschaft und die gastfreundlichen Menschen. Und gleichzeitig erinnern überall Massengräber an das furchtbare Morden der Hutu an den Tutsi, als in den wenigen Wochen von April bis Juli 1994 rund eine Million Menschen regelrecht abgeschlachtet wurden.

Knapp zehn Jahre nach diesem Genozid erfolgte eine Generalamnestie und das Projekt der Versöhnungsdörfer wurde ins Leben gerufen. Und in einem von diesen *reconciliation villages* sitzen wir nun und hören diese Geschichte: Mathias Sendegeya beginnt ohne Umschweife: „I have killed six people." Obwohl es Nachbarn waren und man sich von Kindheit an kannte, ließ sich der heute 56-Jährige von Hass und menschenverachtender Propaganda mitreißen und löschte eine ganze Familie aus. Auch wenn er seine Geschichte immer wieder Besuchergruppen erzählt, fällt es ihm auch nach 22 Jahren sichtlich schwer, von jugendlicher Verblendung und Schuld zu berichten, und seine Augen schweifen eigenartig hektisch von einem Punkt zum anderen.

Auch die neben ihm sitzende Jeannette Mukabyagaju unterbricht manchmal ihre Erzählung und scheint mit einem Blick in die Ferne nach Worten zu suchen. Ihre Eltern, ihre Schwester und ihr Bruder wurden mit der Machete brutal ermordet und von der Großfamilie blieben nur drei Verwandte und sie am Leben. Fast zwei Monate versteckte sie sich in einer Latrine vor den Mörderbanden aus der Nachbarschaft.

Es war nicht leicht, nach diesem erschütternden Grauen wieder gemeinsam – Täter und Opfer Hand in Hand – ein Dorf aufzubauen. Aber das Konzept, durch das gemeinsame Anpacken allmählich Vertrauen zu schaffen und Versöhnung zu stiften, scheint aufzugehen.

Heute leben sie in zwei gegenüberliegenden Häusern und der Mörder Mathias passt auf ihre drei Kinder auf und das Opfer Jeannette kocht manchmal für seine Familie. „In der Bibel steht ja, wir sollen verzeihen", sagt sie und gibt uns mit auf unseren Weg:

„Ihr könnt gerne berichten,
dass Versöhnung möglich ist!"

Diese Botschaft nehme ich mit und denke oft an diese ungleichen Nachbarn, die nach unvorstellbaren Gräueltaten und damit dem Blick in den Abgrund, der uns zeigt, wozu Menschen fähig sind, sich die Hand reichen.

Istanbul | Türkei

14.

Eine Backstube in Istanbul

Natürlich tauchen viele Bilder auf, wenn ich an Istanbul denke. Sie ist eine jener Städte, bei der es Liebe auf den ersten Blick war, und ihre Faszination und Attraktivität ziehen mich bis heute in ihren Bann. Das Fremde war dort in jeder Farbe, in jedem Duft, in jedem Blick eine einladende Bereicherung: Die verlockenden Gewürze auf dem Bazar, der Glanz der Blauen Moschee, die Weite der Hagia Sophia und unzählige Lokale mit einem Blick auf das Marmarameer. Ein Bild bleibt mir allerdings besonders in Erinnerung: eine kleine, unscheinbare Bäckerei im Trubel dieser schillernden Stadt.

Wir waren am Abend mit Freunden unterwegs, irgendwo im Altstadtviertel Istanbul-Sultanahmet. Wenn sich die Sonne senkt, verwandeln sich dort die Gassen der Halbinsel zwischen Goldenem Horn und Bosporus zu einer Kulisse für ein rauschendes Fest. Jedes verfügbare Plätzchen wird genutzt, um noch einen Tisch aufzustellen oder einen Stuhl ins Freie zu bringen. Alles ist erfüllt vom Duft verführerischer Speisen, Straßenmusikanten begleiten die Szenerie und berauscht von der Stimmung und dem reichlich fließenden Raki wird hier und dort getanzt. Unsere Gruppe war mit Einheimischen und Touristen eingetaucht in diese lebenslustige Welt, die das Leben für ein paar Stunden zum Fest macht. Als die Gläser geleert waren und allmählich die Musiker ihre orientalischen Instrumente verpackten, machten wir uns auf den Weg zurück zu unserem kleinen Hotel in der Nähe der Süleymaniye-Moschee.

Beim weinseligen Dahinschlendern entdeckte ich plötzlich den offenen Eingang zu einer Bäckerei, in der gerade mehrere Leute ihrem Handwerk nachgingen. Als der Bäcker gerade die ersten Backwaren nach vorne in den Laden brachte, trafen sich unsere Blicke und ich winkte ihm zu und gab zu verstehen, dass wir gerne reinkommen würden. Er nickte freundlich und kurz darauf standen wir in seiner Backstube.

In diesem Moment fühlte ich mich wieder als Jugendlicher, der spät in der Nacht nach einem feuchtfröhlichen Freitagabend in die väterliche Backstube kam und mit anpackte. Es war genau dieser Geruch nach Hefe und Mehl und die schwere Wärme, die vom Ofen ausgehend den Raum erfüllte. Es waren sogar die gleichen Geräte, wie das holzgefasste Mehlsieb und die schweren schwarzen Bleche, auf denen Hörnchen aufgesetzt waren. Wie damals die Brötchen durfte ich jetzt mit dem Brotschieber die frischen Sesamkringel aus dem Ofen holen. Wir hatten in dieser Nacht keine gemeinsame Sprache außer dem gegenseitigen Wohlwollen und den vertrauten Gesten. Und dennoch fühlte ich mich dem Mann in der östlichen Metropole eines muslimisch wie derzeit autoritär-patriarchal geprägten Landes verbunden und seine Welt war mir so unglaublich vertraut.

Zum Abschied durfte ich Fotos machen. Heute finden sich gleichberechtigt neben den Bildern der Europabrücke, des Galaterturms, der Hagia Sophia die Bilder eines namenlosen Bäckers, seiner Gesellen und seiner Backwaren bei meinen Erinnerungen an Istanbul.

Kalingalinga | Sambia

15.

Den Menschen Würde geben

Eigentlich wollte ich Gibson nach der Uni nur zu seinem Freiwilligendienst begleiten. Und so lernte ich durch einen Zufall Hari kennen und habe seitdem eine Ahnung, was menschenwürdig bedeutet.

Wir trafen uns am Hauptgebäude der UNZA, der Universität von Sambia, und ich folgte ihm über das sehr weitläufige Gelände des schön angelegten Campus in das angrenzende Viertel Kalingalinga im Osten von Lusaka. Man bezeichnet das Viertel als *„high density area"* und bereits nach wenigen Schritten wurde mir klar, dass dies nur eine beschönigende Bezeichnung für Slum war.

Es begegneten uns Menschen, die erkennbar Altkleider aus Europa trugen. Auf verschlissenen Shirts waren die Namen der europäischen Fußballclubs oder Sehenswürdigkeiten wie das Colosseum zu erkennen und auf einem entdeckte ich die ausgeblichene Aufschrift *„25 Jahre Reisebüro Müller"*. Letzteres hätte ich gerne fotografiert, aber Gibsons ermahnte mich, die Menschen zu respektieren und die Kamera in der Tasche zu lassen. Außerdem sei es grundsätzlich als Weißer sehr gefährlich, hier durch die unbefestigten Straßen zu laufen. Uns kamen auch gleich darauf junge Männer entgegen, die mitten am Tage torkelten, und Gibson verstand es, unauffällig auszuweichen. Vielleicht trinken sie oder schnüffeln an Chemikalien – das konnte er mir auch nicht erklären. Aber Rauschgift sei nicht das große Problem.

Die größte Herausforderung seien die Hygiene und die sogenannten *„flying toilets"*, wie man sie in Slums weltweit kenne. Auf meinen fragenden Blick erklärte er mir, dass es ja keinerlei Abwassersystem gebe und die Menschen daher ihre Notdurft in Plastiktüten entsorgten und diese so weit als nur irgendwie möglich von zuhause deponierten.

Wir kamen zu einem Hospital der Sisters of Charity, das allerdings noch nicht unser Ziel war und wo eine lange Schlange von ausgemergelten Gestalten auf eine Behandlung und Medikamente wartete. Im Vorbeigehen sah ich auf notdürftig versorgte Eiterwunden einer Frau und für einen Moment trafen sich unsere Blicke.

Nach diesen Eindrücken war ich umso überraschter, als wir zu *„Our Lady's Hospice"* kamen und damit zu einem Komplex, der im Vergleich zu den schmutzigen Lehmziegelhütten mitsamt Wellblechdächern einer Wellness-Anlage ähnelte! Um eine gepflegte Grünfläche reihen sich kleine Häuschen, die jeweils fünf Zimmer mit zwei Patienten beherbergen. Haripriya kam uns entgegen und war mir sofort sympathisch. Die kleine, zierliche junge Frau war voller Energie und begrüßte mich mit wachen braunen Augen. „Du kannst mich Hari nennen und gerne zeige ich euch das Hospiz."

Die Menschen in den Betten bereiten sich auf das Sterben vor, erläuterte sie, es soll ein würdevoller und ruhiger Ort sein. „Wir wollen hier menschlich zu den Menschen von Kalingalinga sein." Pro Woche sterben hier 10 Patienten an malignen Krankheiten wie Aids und werden auf ihrem letzten Weg von den Schwestern begleitet. Erst später erfuhr ich, dass Hari eigentlich eine Unternehmensberaterin aus Chennai im südlichen Indien war und in einer Auszeit das Management auf Vordermann brachte, ganz nach dem Leitspruch über dem Eingang:

„Providing Dignity to the Dying."

Bodrum | Türkei

16.

Unerbetene Assoziationen – Geschöpfe der Erde

Heute Morgen lag sie vor der Aufzugstür. Fast hätte ich sie auf dem Weg vom Briefkasten zum gläsernen Außenaufzug übersehen, da ich wie gewohnt bereits die Schlagzeilen las. Offensichtlich hatte ich sie aufgeschreckt und sie war gegen die Glaswand geflogen. Sie dürfte sich wohl das Genick oder auch andere Knochen in ihrem gefiederten Leib gebrochen haben, der nun eigenartig zuckte. Beim Näherkommen sah ich ihre starren Augen und sie rang nach Luft, so deutete ich zumindest ihren weit aufgerissenen Schnabel. Als wollte sie die Luft schlucken, zuckte der Kopf und mit ihm bebte der ganze Körper.

Wie gebannt starrte ich auf den jungen Vogel in seinem Todeskampf mit einer diffusen Mischung aus Mitleid und Mitgefühl, dem Drang zu helfen und dem Bedürfnis, dieses kleine Leben zu retten. Im Angesicht leidender Geschöpfe wird man selbst zum (Mit)Leidenden. Dankbar fiel mir als rettender Ausweg ein, mich durch den Weg in den Keller nützlich zu machen. Mit einer Schaufel könnte man sie wenigstens an einen sicheren Ort bringen.

Als ich zurückkam, lag die Taube ruhig da. Ein regelrecht friedliches Bild des leblosen Körpers in seiner graublau-weißen Musterung, in der sich die Morgensonne spiegelte.

In diesem Moment musste ich an Alan (oder auch Ailan bzw. Aylan) Kurdi denken. Sein Bild war zum Sinnbild der sogenannten Flüchtlingskrise geworden. An einem frühen Morgen lag der junge Körper am Strand, leblos und friedlich. Der dreijährige Junge war beim Versuch, von der Türkei mit einem Schlauchboot das rettende europäische Festland zu erreichen, ertrunken –

zusammen mit seiner Mutter Rehanna, dem älteren Bruder Galib und rund einem Dutzend weiterer Flüchtender. Das Meer hatte den Leichnam in der Nähe des türkischen Ferienorts Bodrum an Land gespült. Die türkische Fotoreporterin Nilüfer Demir hatte die Szene am 2. September 2015 festgehalten, „um den verstummten Schrei der Jungen für alle hörbar zu machen", wie sie später sagte. Das Foto des kleinen Jungen in rotem T-Shirt und dunkelblauen Shorts ging um die Welt.

Mittlerweile ist viel geschehen, ein Abkommen zwischen der Türkei und Europa hat an dieser Küste manches verändert und die zivile Seenotrettung *Sea Eye* hat ein Rettungsboot nach dem Jungen benannt. Aber verändert hat sich nichts, denn noch immer fliehen Menschen wie die Familie Kurdi über Damaskus, Aleppo und Kobane aus dem Bürgerkrieg und sehen als einzigen Ausweg den Weg über das Meer.

Wir haben uns an die Bilder gewöhnt und üblicherweise sehen wir den Todeskampf nicht, denke ich mir, während ich die Taube zum Mülleimer bringe.

Marktredwitz | Deutschland

17.

Ein unvergessliches Lachen

Manches Lachen vergessen wir ein ganzes Leben lang nicht. So vielfältig es auch sein mag, ob ein zustimmendes Grinsen, ein wohlwollendes bis verliebtes Lächeln oder ein lautstarkes Lachen, es sind immer Formen der Zuwendung und damit ein Brückenschlag von einem Du zum Ich.

Manchmal können wir Paare beobachten, wo eine/r dem anderen zulächelt und damit eine Verbundenheit verströmt, die uns sprachlos macht, und es gibt nichts, was ansteckender ist als ein herzhaftes Lachen, in das wir schlichtweg nur einstimmen können.

Wenn ich an diesen langen Sommer Ende der 80er Jahre denke und die darauffolgenden zwanzig Monate des endgültigen Abschieds von der Kindheit, dann habe ich wieder ihr Lachen im Ohr. Und es gibt so viele Momente, die vor meinem geistigen Auge auftauchen. Ihr begeisterndes und fröhliches Lächeln, wenn ich sie besuchte oder zu gemeinsamen Unternehmungen abholte. Ihr lautes Auflachen, wenn wir unterwegs waren und seltsame Dinge entdeckten – und seien es nur Spatzen, die sich um Brotkrümel zankten. Sie hat mich immer wieder angesteckt, wenn sie lauthals über etwas Witziges losprustete, und dabei konnte sie auch so herzhaft über sich selbst lachen, über den kleinen Tollpatsch in ihr und ihre größeren Unzulänglichkeiten. Und wenn wir in Gesellschaft waren, half sie oft über die manchmal einsetzende Sprachlosigkeit hinweg und erfüllte uns mit einer ansteckenden Fröhlichkeit. Ohne es zu wissen, war sie eine geheime und weise Lehrerin des Lachens und damit der Freude an den kleinen Dingen in der menschlichen Verbundenheit.

17. BEGEGNUNG

Kennengelernt hatte ich Traudl bereits am zweiten Tag meines Zivildienstes. Ich sollte sie im Rahmen des Behindertenfahrdienstes abholen zu einem Ausflug. Jemand hatte sie bereits vor die Tür des kleinen Hauses gebracht und sie wartete in ihrem Rollstuhl. Als ich näherkam, hellte sich ihr Gesicht auf und sie begrüßte mich mit einem Lächeln. „Kein Problem“, hatten die Zivikollegen gesagt, „die Traudl ist eine ganz liebe Spastikerin, mit der kommst du auf jeden Fall zurecht.“ Meine Unsicherheit verflog auch schnell bei dieser ersten Begegnung, auch wenn ich damals überhaupt nicht einordnen konnte, was diese spastische Lähmung mit ihren ruckartigen und völlig unvorhersehbaren Zuckungen bedeutete. Da man sie als Kind aufgrund der Spastik versteckt hatte, hatte sie nicht richtig sprechen gelernt.

Aber wir fanden eine gemeinsame Sprache und mit der Zeit wurde mir klar, dass ihre vermeintlich eingeschränkte Lern- und Wahrnehmungsfähigkeit weniger eine geistige Behinderung, sondern vielmehr Folge ihrer sozialen Vereinsamung in der Kindheit war. Ich hatte immer mehr das Gefühl, dass die Erkrankung ihres Nervensystems nur das Rückenmark, aber nicht das Gehirn und damit ihre Intelligenz einschränkte.

Während des Zivildienstes war sie mir eine ständige Begleiterin, doch danach habe ich sie nie wiedergesehen. Aber ihr Lachen werde ich ein ganzes Leben lang nicht vergessen.

Heilsbronn | Deutschland

18.

Ein heiliger Ort – Heilsbronn

Wer im Sommer Nürnberg auf zwei Rädern bei Sonnenaufgang verlässt und durch die fränkische Landschaft Richtung Ansbach fährt, spürt eine angenehme Kühle von den Wiesen herkommend auf der Haut, die allmählich vergeht und einen sonnigen Tag ankündigt.

Das Kloster, aus dem sich ein Dorf als eigenständige Gemeinde und erst viel später eine kleine Stadt entwickelte, liegt noch im Schlaf, als ich über die alten Wege gehe. Vom klösterlichen Lagerhaus über den zentralen Marktplatz biege ich an der früheren Brauerei des Klosters ab, um das beeindruckende Heilsbronner Münster im Morgenlicht zu umrunden. Als *„Heikes Kaffeestübchen"* öffnet, bekomme ich den ersten Kaffee und genieße das Umherschweifen meiner Blicke über den Platz. Die morgendliche Sonne schmeichelt den alten Steinen und über allem liegt eine wunderbare Ruhe, auch wenn allmählich die ersten Menschen unterwegs sind.

Noch einmal nähere ich mich der Kirche, die zu meiner freudigen Überraschung bereits geöffnet ist. Man tritt durch das Seitenschiff ein und es eröffnet sich ein erhabener Anblick, der die Augen weit in die Höhe führt. Irgendwie hat man das Gefühl, nun im Zentrum dieser alten Siedlung angekommen zu sein. Auch wenn man nur erahnen kann, wie das Lebensgefühl früherer Epochen gewesen sein könnte: Dieser Anblick muss die Menschen vor 700, vor 600, vor 500 Jahren noch ganz anders in den Bann gezogen haben. Die romanische Versinnbildlichung der Verheißung der Geborgenheit in den Psalmworten *„eine feste Burg ist unser Gott"* und die einladende Ermunterung *„und dein Geist erhebe sich in die Höhe"* gehen architektonisch eine harmonische Symbiose ein.

Im Mittelpunkt steht das Kreuz als Zeichen der Hoffnung, dass am Ende alles einen Sinn ergibt und jedermann Erlösung finden wird – von den irdischen Belastungen und Mühsal ebenso wie von innerer Zerrissenheit und geistiger Leere. Von hier sollte den Menschen Heil und Heilung zukommen, wie der lateinische Name des Ortes es ausdrückte: *Abbatia Fons Salutis*.

In angenehmer Weise spricht mich Frank Haßler an, der gerade den Mesnerdienst versieht und die Kirche für eine Hochzeit vorbereitet. Er berichtet von der zisterziensischen Tradition des Klosters, der ganz eigenen Mystik und mit einem entschuldigenden Hochziehen der Schulter verweist er darauf, dass die Kirche auch sehr katholisch geblieben sei. Er nickt, als ich lächelnd bestätige, dass an einem so besonderen Ort die Einordnungen von evangelisch und katholisch für mich sowieso keine Rolle spielen würden.

„Es ist einfach ein heiliger Ort.
Und wir brauchen solche Orte!“

Mit diesen Worten entlässt er mich aus der Kirche in den wunderbaren Sommermorgen. Auf der Suche nach heiligen Orten, überall auf der Welt.

St. Petersburg | Russland

19.

Von Bären und Menschen in St. Petersburg

Hier laufen doch keine Bären mehr rum. Was haben Sie denn erwartet?“, fragt uns Tatjana, während wir am Newskij Prospect im Stau stehen. Und für einen kleinen Moment habe ich die Befürchtung, dass ich sie mit meinen Fragen und Vergleichen gekränkt habe. Dabei hatte ich nur erklären wollen, dass ich mir St. Petersburg nicht derart europäisch vorgestellt hatte. Etwas hilflos füge ich an, dass ich Russland eben gar nicht verstehe, worauf sie schon eher süffisant erwidert: „Wie wollen Sie denn Russland und die Russen verstehen, wenn sich diese nicht einmal selbst verstehen? Es verstehen die Petersburger nicht einmal die Moskauer und umgekehrt.“

Aber es bleiben nicht die einzigen offenen Fragen an diesem Wintertag im *„Venedig des Ostens“* und Tatjana erweist sich noch des Öfteren als treffsichere Kommentatorin russischer Paradoxien. Im Vorbeifahren an der wunderbaren Erlöserkathedrale und damit einer von 163 Kirchen in der Stadt quittiert sie mein Nachfragen nach der heutigen Religiosität der russischen Bevölkerung mit dem herrlichen Satz: „Wir Russen sind offiziell Atheisten, aber wir gehen sehr gerne in die Kirche.“

Was mir allerdings nicht aus dem Kopf geht, ist die Frage, was diese Zarenherrlichkeit letztlich gekostet hat, und damit meine ich keinen Betrag in Rubel oder einer anderen Währung, sondern wie viel an Ausbeutung nötig war, wie viel an Fronarbeit und damit Entbehrung und Not. „Ach wissen Sie, wir hatten in diesem Land immer genügend Menschen übrig“, erläutert unsere Wegbegleiterin lapidar und verweist nochmals auf die kurze Erbauungszeit der Metropole mitsamt ihren Residenzen und Palästen.

Aber ich gebe lange nicht auf, nach dem damaligen und heutigen Lebensgefühl in dieser faszinierenden Stadt zu fragen. Wie kann man in dieser Stadt leben, wenn man ein monatliches Einkommen von 150 bis 200 Euro zur Verfügung hat, während außer den Grundnahrungsmitteln vieles ähnlich teuer ist wie bei uns in Westeuropa?

Das bleibt mir ein Rätsel, von dem ich hoffe, dass die lebenserfahrene und äußerst belesene Tatjana es mir löst. „Nun, die Gegensätze waren in dieser Stadt und erst recht zwischen Stadt und Land in Russland schon immer immens. Hier der Palast und dort die armseligen Hütten. Und wie gesagt, wir haben hier immer genügend Menschen übrig." Und während wir an einem schneeschaufelnden Mann und einer dezent bettelnden Frau vorbeifahren, bin ich mir sicher, dass *„übrig"* kein Übersetzungsfehler war.

Berlin | Deutschland

20.

Wir leben alle in einem Schloss

Er zündete sich sofort eine Zigarette an, als wir das Humboldtforum verließen, und da sich in diesem Moment unsere Augen erstmals trafen und wir direkten Blickkontakt hatten, sagte ich fast beiläufig: „Schon beeindruckend, nicht wahr?“ Unsere Wege hatten sich in den letzten Stunden immer wieder gekreuzt, obwohl die gesamte Anlage weitläufig und bei einem ersten Besuch auch unübersichtlich war mit all den Portalen, Innenhöfen, Sälen, Fluren und Ausstellungen.

„Beeindruckend, meinen Sie? Ja, irgendwie. Und gleichzeitig niederschmetternd und frustrierend!“ Er bemerkte meinen verständnislosen Gesichtsausdruck und ergänzte: „Wir haben doch nichts gelernt. Da laufen wir staunend durch dieses neue Stadtschloss der Hohenzollern und genießen den prächtigen Betonbarock. Schauen und Staunen! Ja, das gebe ich schon zu, es ist schon beeindruckend, ein imposantes Gebäude im Herzen der Stadt. Okay! Aber vor lauter Stolz denken wir gar nicht mehr darüber nach, was wir hier machen. Und dann fühlen wir uns auch noch gut, denn wir haben ja alles verstanden und geben uns ganz modern und kosmopolitisch. Wir zeigen nicht nur die Beutekunst, sondern wir sprechen auch darüber: Über historische Verantwortung, Kolonialisierung und den nötigen Dialog zur Völkerverständigung. Wir sind auf der Höhe der Zeit: Sogar das Gebäude selbst wird thematisiert. Und da wir darüber sprechen, ist es auch kein Problem, dass dieses für 677 Millionen Euro neu errichtete *Zentrum für Kultur, Kunst und Wissenschaft* unter Kuppel, Kreuz und einem Bibelspruch steht, der eine Unterwerfung aller Menschen unter das Christentum fordert.“

Nur kurz unterbrach er seine Ausführungen, um derart stark den Rauch zu inhalieren, dass die Zigarettenspitze glühte.

„Aber wissen Sie“, fuhr er fort und sah mich ernst an, „es ist doch ein schönes Sinnbild, dass wir alle in einem Schloss leben. Wenn Sie in Deutschland geboren wurden, dann gehören Sie zur höfischen Gesellschaft. Ob nun König, Hofdame oder Ritter, Verwalter oder Diener, Köchin oder Stallknecht, wir sind alle ein Teil des Hofstaats. Natürlich gibt es auch an diesem Hof soziale Unterschiede und sogar die Möglichkeit, die Grenzen des eigenen Standes zu überwinden. Aber wir bleiben alle die privilegierten Mitglieder des Hofs. Wir sehen nicht, dass unser Wohlstand aufgebaut ist auf Ausbeutung der Arbeitskräfte und natürlicher Ressourcen in Asien, Lateinamerika und Afrika. Der Leibeigenen und Sklaven von heute. So wie zu anderen Zeiten wollen wir von Ungerechtigkeiten – und damit den Bedingungen außerhalb des Hofstaats – nichts wissen. Auch die Gelehrten und Priester am Hof kümmerten sich höchstens um Almosen zur Linderung des Loses der Leibeigenen. Und wir Intellektuellen heute sind wie Minnesänger, die von Idealen träumen und nichts ändern.“

Er drückte die Zigarette aus, verschwand mit einem wortlosen Gruß und ließ mich vor dem Schloss zurück.

Bad Pyrmont | Deutschland

21.

Yussuf Karamir und die Sprachen der Welt

Vielleicht hatte ich nicht richtig gelesen, denn es war nur ein kleines Namensschild aus Metall auf seiner blauen Arbeitskleidung, das entweder blendete, wenn Licht darauffiel, oder auf den eher dunklen Gängen der Klinik schwer lesbar war. Der noch junge Mann war mir seit unserer ersten Begegnung aufgefallen: Er arbeitete als Reinigungsdienst auf unserer Station und bei jeder auch noch so kurzen Begegnung hatte er ein freundliches Lächeln für sein Gegenüber und ein aufmunterndes Wort. Er jonglierte wortgewandt mit den üblichen Floskeln des Smalltalks, von „Noch einen sonnigen Tag“ über „Heute ist die Hälfte der Woche geschafft“ oder „Einen guten Start in die Woche“ bis hin zu „Heute gibts mal was Besonderes, frische Bettwäsche, nur für Sie“ und so weiter.

Er sah elegant aus und die Handgriffe der täglichen Arbeit vollführte er mit gelassener Ruhe. Und so tauchte bei mir die Frage auf, wie er wohl im Designeranzug aussehen würde und in welchen anderen Lebenskontexten ich ihn mir vorstellen könnte: Ein Mann in den besten Jahren, mit gepflegtem Vollbart und markanten, irgendwie südländischen Gesichtszügen. Denn ich konnte ihn nicht einordnen – die Sprache verriet keine andere Herkunft als die deutsche – und ich wurde von Neugierde erfüllt, welche Biographie dieser Mann verbarg, der täglich den Müll rausbrachte und die Betten machte.

„Ganz herzlichen Dank“, sagte ich und auf die vorsichtige Einleitung „Darf ich Sie mal was Persönliches fragen?“ kam auch prompt zurück: „Aber sicher und immer gerne!“ Er lächelte bei meiner Frage nach seinen Wurzeln und damit der länger zurückliegenden Familienbiographie. Er komme aus Pakistan und seine Familie sei aus dem bürgerkriegsgebeutelten Landstrich geflohen, als er noch ein sehr kleiner Junge war. Sie waren als Muslime in den Konflikt hineingezogen worden, in dem es doch eigentlich um andere Dinge ging. Im Kopf addierte ich die Jahreszahlen – wenn es der dritte pakistanisch-indische Krieg gewesen war, dürften wir beide etwa gleichaltrig sein. „Und ja", sagte er, „in Deutschland fühle ich mich wohl und auch die Sprache ist mir zur Heimat geworden. Auch wenn ich die anderen Sprachen besser spreche." – „Das kann ich mir gar nicht vorstellen, aber wie viele Sprachen sprechen Sie denn?" – „Neben den indoarischen und dardischen Sprachen noch Griechisch, da wir zuerst nach Griechenland kamen, und noch Englisch, Deutsch und ein wenig Arabisch."

Wir unterhielten uns über Religionen, bis ich merkte, dass er wohl mit seiner Arbeit in Verzug kam und den Reinigungswagen merklich Richtung Ausgang schob.

„Danke für das interessante Gespräch, ein schönes Wochenende und vor allem Salam aleikum wünsche ich dann", sagte ich zu ihm und er lächelte. „Ja, auch Ihnen ein schönes Wochenende – Wa aleikum as-Salam!"

Kodaikanal | Südindien

22.

Sisyphos in Tamil Nadu

Wir haben eine lange Fahrt vor uns. Auch wenn es von Madurai im südlichen Indien nach Kodaikanal nur etwa 120 km sind, werden wir mit dem altersschwachen Bus der katholischen Sozialstation mehr als einen halben Tag unterwegs sein. Aber dadurch ist endlich Zeit, die verwirrenden Eindrücke mit unserem Freund und Begleiter Selva Raj zu besprechen.

Wir waren gemeinsam unterwegs mit den Dalits, wie sich die sogenannten *„Kastenlosen"* oder *„Unberührbaren"* selbst bezeichnen. Und ich bin immer noch verwirrt, dass dieses archaische Kastensystem im 21. Jahrhundert ungebrochen fortbesteht, das so viel Leid durch Ausgrenzung und Ausbeutung bringt. Täglich! Und der Kampf für die Rechte der Dalits gleicht einer Sisyphosarbeit.

„Wir müssen uns Sisyphos als einen glücklichen Menschen vorstellen."
(Albert Camus, Der Mythos des Sisyphos, Reinbeck 2004, S. 159 f.)

So heißt es bei Camus und damit konnte ich noch nie etwas anfangen. Selva bewegt seinen Kopf, als wolle er eine querliegende Acht in die Luft zeichnen, was in Südindien gleichbedeutend ist mit einem zustimmenden Kopfnicken. Wir lachen über meine interkulturelle Dummheit, als ich ihm erkläre, dass ich dieses Zeichen anfangs als Kopfschütteln und damit falsch als Ablehnung gedeutet hatte.

Selva erzählte, dass eine ähnliche Geschichte wie die des Sisyphos in Indien erzählt wird. Die Legende berichtet von Naranath Branthan, der einen Felsbrocken immer wieder auf den Berg schiebt, um sich dann am Gipfel allerdings riesig zu freuen, wenn er wieder ins Tal zurückrollt. Zum gleichnamigen Berg im nahegelegenen Bundesstaat Kerala pilgern daher die Menschen zum *„Madman of Naranam“*, den sie als Heiligen verehren. Und Selva fasst kurz zusammen und meint, es sei auf jeden Fall besser, über die Absurdität des Lebens zu lachen, als an ihr zu verzweifeln.

„Nun, Camus hat es sicher ganz anders verstanden“, versuche ich den europäischen Existenzialismus zu erklären, während wir auf den staubigen Straßen Südindiens unterwegs sind. Der Mensch revoltiert gegen die Sinnlosigkeit des Daseins, indem er dennoch die Herausforderung annimmt. Für ihn ist das Leben absurd, da wir immer an der Spannung leiden zwischen der Sinnlosigkeit des Lebens und unserem gleichzeitigen Wunsch, unserer Existenz Sinn zu verleihen. Es bleibt uns die Freiheit zu handeln, auch wenn der große Plan nicht aufgeht und das Ziel nicht erreicht wird. Sartre hat es dann in einem Satz zusammengefasst: *„Wir sind zur Freiheit verurteilt!“* Nun widerspricht Selva ebenso entschieden wie lachend und verweist auf das christliche Verständnis: Die Formulierung des Paulus im Galaterbrief sei ihm dann doch sympathischer:

„Ihr seid zur Freiheit berufen!“

Und so beendet er unseren Austausch, um bei einer Rast Tee zu trinken. Als er meine melancholische Nachdenklichkeit bemerkt, fügt er hinzu: „Wenn du magst, können wir auch mal rüberfahren zum Berg des *„Madman of Naranam“* und herzlich über die Absurdität des Lebens lachen. Das tut gut und man kann am nächsten Tag wieder zu arbeiten anfangen.“

Amberg | Deutschland

23.

Macht euch die Erde untertan

Es war eine Unterrichtsstunde in Biologie, die mein Interesse an Theologie weckte. Und wenn ich daran zurückdenke, sehe ich ihn noch vor mir. Herr C. kleidete sich stets in Anzugskombinationen, meist eine graue Hose und ein dunkles Jackett, und hob sich dadurch deutlich von den jüngeren Kollegen ab, die Mitte der 80er oft in Jeans und sogar im T-Shirt zum Unterricht erschienen. So stand er an einem Donnerstag vor einer riesigen Wandtafel in der letzten Stunde (denn ich erinnere mich an die Pizza aus der Südtiroler Weinstube in der Georgenstraße, die wir uns anschließend oftmals holten). Und Herr C. zeigte auf die Entwicklung der Erde und erläuterte die sogenannten Erdzeiten: Ganz unten auf einer großen Karte war das Praekambrium oder Archaikum und im Bild wurde gezeigt, wie sich die erste Erdkruste gebildet hatte. Und so ging es der Geschichte der Erde entlang nach oben. Neben dem Zahlenstrahl war links jeweils ein Bild, wie man sich das Leben auf unserem Planeten zu jener Zeit vorstellen konnte, und rechts wurden die entsprechenden Tiere gezeigt. Von den Einzellern ging es über Fische, Reptilien und Vögel und natürlich die beliebten Saurier in der Jurazeit über die Nadelhölzer mit weiteren Tierarten und Laubbäumen in der Kreidezeit ganz nach oben: Dort stand als Krone der Schöpfung der Mensch.

Warum diese Darstellung damals meinen Widerspruch und auch meinen Widerwillen hervorrief, weiß ich heute nicht mehr. Vielleicht weil just zu der Zeit die Atomkatastrophe von Tschernobyl gezeigt hatte, wie die *„Krone der Schöpfung“* ihre eigene Welt zerstören konnte. Herr C. war auch mehr als irritiert wegen meiner Nachfrage und verwies auf *Dominium terrae*, den biblischen Herrschaftsauftrag:

„Macht euch die Erde untertan“

(Buch Genesis 1,26–28)

Seitdem ist viel Zeit vergangen und es gibt mittlerweile den Vorschlag für die Bezeichnung eines neuen Erdzeitalters, in dem wir jetzt leben: das *Anthropozän*.

Spätestens seit der Mitte des 20. Jahrhunderts haben die Eingriffe der Menschen das Gesicht des Planeten derart stark geprägt, dass man von einem *„Menschenzeitalter“* sprechen könne. Die menschengemachte Veränderung sei nur mit der revolutionären Ausbreitung des Menschen am Ende der Eiszeit und der neolithischen Verbreitung der Landwirtschaft in der Jungsteinzeit vergleichbar.

Wenn man das Alter der Erde mit einem Tag vergleicht, dann ist der Mensch erst 4 Sekunden vor Tagesende in Erscheinung getreten, hatte Herr C. damals erklärt und ich hatte ergänzt, dass er dafür allerdings eine unbeschreibliche Zerstörung angerichtet habe und man ihn nicht als Krone der Schöpfung bezeichnen könne.

Später habe ich viel in den großen Erzählungen der Bibel gelesen und verstanden, dass man auch übersetzen könne: *„Bebaue und bewahre!“* Und theologisch sei der gerechte *„Herrscher“* immer derjenige, der sich um die Seinen kümmert, sie pflegt und schützt.

So lernte ich in der Biologie, wie unterschiedlich man die Bibel verstehen konnte, und hatte meine erste Übung in theologischer Exegese.

Wittstock/Dosse | Deutschland

24.

Und es begab sich zu jener Zeit

Nun fühlte ich mich richtig ertappt. „Was wollen Sie denn in unserem Lager?“, ertönte hinter mir eine Stimme. Die Kirchenaufseherin war mir unbemerkt gefolgt, als ich in der mächtigen Hallenkirche St. Maria und St. Martin die Treppen neben dem Hochaltar einfach hinabgestiegen war. Vorbei an der Wittstocker *„Schönen Madonna“* schien mich der Weg durch den dreischiffigen Monumentalbau zu einer Unterkirche zu führen, dagegen fand ich mich in einem Abstellraum wieder. „Bitte entschuldigen Sie, ich dachte den Abgang zur Krypta zu finden und war jetzt ganz in Gedanken über Weihnachten versunken“, verteidigte ich mich und zeigte auf das Schild *„Bethlehem“*, das dort stand. Offenbar glaubte sie mir diese Erklärung und die dazugehörige Ergänzung, dass ich – übrigens ebenso wahrheitsgemäß wie seltsam – über die Weihnachtsgeschichte nachdachte:

Die Hirten, ein Stall und ein Neugeborenes in der Krippe. Es braucht nicht viele Figuren und wenig Requisiten für diese Geschichte. Und doch kann sie in unserem Kulturkreis wohl jedes Kind weitererzählen und sie gehört völlig zu Recht zu den großen Erzählungen der Menschheit. Und um es gleich vorwegzusagen: Diese Erzählung sollten wir für uns selbst und gleichzeitig für unsere Gemeinschaft immer wieder neu erzählen, damit sie nicht in Vergessenheit gerät und vor allem ihr Potential entfalten kann. Da wird also etwas Realität und ist genau zu datieren, als eben Augustus Kaiser war und Quirinius sein Statthalter. Und das Erlösende kommt in aller Armut und das Unglaubliche beginnt am Rande der Gesellschaft. Welche Götter kommen ohne Macht und Reichtum aus und wie verzaubernd ist der Gedanke, dass mit jeder Geburt etwas Neues beginnt, das in sich Göttliches trägt? Und die Ersten, die es erfahren, sind ebenfalls die Randständigen. Und ihnen als den Ersten wird das Außergewöhnliche offenbart und die Verheißung zugesprochen: Es ist Frieden möglich und die Angst hat ein Ende:

Fürchtet Euch nicht!

Es ist also eine andere Welt möglich. Eine Welt ohne Reichtum, Macht, Gier, Ausbeutung und Unterdrückung. Ein anderer Frieden kann geschaffen werden als die reine Abwesenheit von Krieg. Nichts ist unveränderlich, alternativlos. Mit der Geburt des göttlichen Kindes im jämmerlichen Stall wird die Verheißung erzählt, dass immer ein neues Zeitalter beginnen kann, in dem sich das Gute, das Schöne, das Erhabene durchsetzt. Und um es mit dem schönen Satz von Karl Rahner zu sagen:

Mach es wie Gott, werde Mensch!

Was für eine wunderbare Geschichte, die auch alle Anders- und Nichtgläubigen verstehen und ebenso in ihren Bann ziehen kann. Aber dafür müssen wir sie erzählen und befreien von den dominanten Bildern im Kopf: von anmutigen, schönen und sauberen Gestalten, die um die Krippe stehen, in denen ein süß lächelnder weißer Säugling mit blondem Haar liegt. – Die alte Geschichte ist ganz neu zu erzählen (auch in Wittstock an der Dosse):

Und es begab sich zu jener Zeit ...

Nachwort

Kurzgeschichten über das Menschliche, das Reisen und Dank

Es sind kurze Geschichten, die hier versammelt sind, meistens füllen sie nicht mehr als eine eng beschriebene Manuskriptseite. Und sie wollen auch in anderer Hinsicht eine verdichtete Darstellung bieten: Es handelt sich immer um eine reale Begegnung, in denen das Menschliche im Mittelpunkt steht. So versteht sich der Titel dieser Sammlung als Einladung an Leserinnen und Leser, diesen durch Begegnungen angeregten Reflexionen zu folgen:

„Lass uns zu den Menschen gehen!"

Jede der Geschichten ist in sich abgeschlossen. Man kann sie daher in beliebiger Reihenfolge lesen. Wer sie in den Zeiten des Advents in die Hand nimmt und sie daher auf dem nachdenklichen Weg zur Menschwerdung des Göttlichen liest, der findet vierundzwanzig Einladungen und mit der letzten Geschichte eine Reflexion über Weihnachten, die auf einer Reise im Osten Deutschlands geschrieben wurde.

Die Geschichten entstanden (fast) alle auf Reisen. Und so ist es mir ein großes Anliegen, ein herzliches Danke an die Organisationen auszusprechen, die manche der Reisen ermöglichten, konkret Cecup e.V., die Jesuitenmission sowie die Projektpartnerschaften des Weltkirchenreferats der Erzdiözese Bamberg. Eine besondere Dankbarkeit verbindet mich mit allen Reisebegleiterinnen und Reisebegleitern. Ich freue mich, wenn Ihr Euch in den Geschichten wiederfindet und wir uns hoffentlich bald neue und weitere Geschichten erzählen können.

Vielleicht reisen wir genau wegen dieser Geschichten, die wir unterwegs sammeln und im Gepäck mitbringen. Und gleichzeitig wissen wir, dass wir sie weder wie das scheue Wild jagen noch wie Pilze sammeln können. Letztlich sind es Geschenke, wenn sich Begegnungen und Erkenntnisse zu Geschichten verdichten, die es über den Tag hinaus wert sind, in Erinnerung behalten und erzählt zu werden.

Darin hat sich für mich auch immer der Unterschied zwischen einem Touristen und einem Reisenden gezeigt. Wenn wir Fotos schießen oder zur Erhöhung der Authentizität und zur Befriedigung des Narzissten in uns ein Selfie, dann sammeln wir Bilder wie Trophäen.

Jedoch außer der banalen Aussage, dass es den Petersplatz und den Eiffelturm ebenso wirklich gibt wie die Victoriafälle und den Titicacasee, bringen wir nur einzelne Bilder, aber keine Geschichten mit nach Hause. Geschichten entstehen, wenn wir uns in Beziehung setzen zu Menschen und Dingen. Wie hat mein akademischer Lehrer so schön gesagt:

„Erlebnisse oder Erfahrungen ohne Reflexion sind Verschwendung!"

Bei Reisen sind wir permanent gefordert, uns zu der ungewohnten Umgebung in Beziehung zu setzen. Und erst in der Fremde wird uns das Eigene deutlich und wir können es benennen.

So habe ich ganz einfache Dinge gelernt, dass man beispielsweise auch bei großer Hitze sinnvollerweise heiße Getränke zu sich nimmt, den Toilettengang statt Papier auch mit Wasser erledigen kann, nicht unbedingt ein Bett zum Schlafen braucht und Kaffee derart unterschiedlich zubereitet werden kann. Aber ich habe auch gelernt, dass es andere Lebensformen und Sinndeutungen dieser Welt gibt und bei aller kultureller Unterschiedlichkeit uns Menschen Empathie, Solidarität und auch das Lachen verbindet.

Und außerdem habe ich gelernt, dass wir unsere Geschichten auch erzählen sollten. So danke ich abschließend dem Echter Verlag (und namentlich dem Verleger Thomas Häußner) für die Möglichkeit, meine Geschichten hier vorstellen zu dürfen, und freue mich auf Rückmeldungen.